CONTENIDOS

- Consonantes "f", "g", "ch", "ll", "q", "z", x", "h", "k", "w".
- Escritura en pauta.
- Localización de letras y sílabas en palabras y textos.
- Escritura de letras, sílabas, palabras y frases.
- Discriminación auditiva de los sonidos de las letras.
- Discriminación visual de las letras.
- Poesías y adivinanzas.
- Iniciación al copiado.
- Sopa de letras y crucigramas.

Cuento de la "f"

1 Cuando el rey Yolo y sus acompañantes se fueron, Pata sugirió que jugaran a algo.

–¿Echamos un partido de fútbol? –propuso Pato.

Y a todos les pareció fenomenal. Emilio fue a por su balón.

–Hagamos dos equipos. ¡Me pido ir con Óscar, Ana y Úrsula! Tú, Pata, vas con Inma y Emilio –dijo Pato.

–Jo, no vale, ¡nos falta uno! ¡Vosotros sois más! –refunfuñó Pata.

Ana y Emilio también se enfadaron un poco, así que Úrsula se ofreció a ir con ellos.

–¡Uf! Pero si Úrsula se va, seréis cuatro y nosotros tres –protestó Óscar.

Por más vueltas que le daban la cosa no tenía solución: eran siete, así que siempre faltaba un futbolista en uno de los equipos. Justo cuando estaban a punto de rendirse y de pensar en otro juego, sopló un viento fuerte, brilló una luz como el fuego y, delante de ellos, entre las flores de la "f" y los árboles frutales apareció… ¡UN FANTASMA!

2 Era un fantasmita pequeño que llevaba puesta una bufanda de franela color fucsia. Al principio, nuestros amigos se llevaron un buen susto y gritaron: "¡fuera fantasma!". Sin parar de sonreír, con mucha dulzura para no asustarles más, el fantasmita dijo:

–Creí que os faltaba un futbolista, por eso he venido. Me llamo Felipe, soy un fantasma muy futbolero y dicen que también soy un fabuloso jugador.

Para demostrar sus habilidades, Felipe hizo algunas piruetas con el balón.

–¡Fenómeno! ¡Podrías ser un futbolista famoso! –dijo Pato mientras todos aplaudían.

Nuestros amigos le pidieron perdón a Felipe por haberse asustado y le dejaron jugar con ellos. ¡Al fin eran cuatro contra cuatro! Se pusieron a jugar y lo estaban pasando de fábula cuando, de pronto, el balón salió disparado por encima de la portería, fue a dar a un cactus, se pinchó y se desinfló del todo. ¡Qué faena! ¿Qué podían hacer?

–Vamos a mi casa, seguro que mi mamá lo arregla. ¡Es magnífica arreglando cosas! –dijo Felipe.

3 Felipe y su familia vivían en una casa fantasma a las afueras del Jardín. No les faltaba de nada: tenían un sofá, alfombras, teléfono, frigorífico, fogón en la cocina y hasta una farola y un felpudo junto a la entrada. El papá de Felipe se llamaba Rafa, bueno, Rafael, y era un fotógrafo especializado en fotografiar fiestas de disfraces. La mamá del fantasmita se llamaba Filomena, aunque la llamaban Filo, y era fontanera. Filo era experta en fuentes y en fugas de agua, pero también sabía arreglar muchas cosas más. Cuando Felipe y sus nuevos amigos le enseñaron el balón, dijo:

–Está pinchando, habrá que ponerle un parche. No os preocupéis, que es fácil.

Fue a buscar su caja de herramientas de fontanera y en ella encontró todo lo que necesitaba. Puso un parche al balón y luego lo infló con un inflador que hacía *fffffffffffffff*. ¡Quedó fantástico! Todos dieron las gracias a Filo con un beso y se fueron a seguir jugando al fútbol hasta que se hizo de noche y se encendieron las farolas.

Después de escuchar el cuento, observar la lámina y conversar sobre ella: personajes, objetos, situaciones, nombres que tengan el sonido "f"...

árbol ventana pato tejado

Escribir los nombres de las imágenes señaladas.

Para empezar el trabajo,
imagina un antifaz,
lazo arriba, lazo abajo
y la "efe" sabes ya.

Yoli tiene 

Vivi  uvas

Aprender el trazo de las letras mayúscula y minúscula.
Repasar las letras punteadas.
Escribir las frases en las pautas incluyendo las palabras que faltan (mano y come).

Repasar y escribir las letras.

fa fe fi fo fu

telé_no

fo fa Fe

_lipe

jira_

Escribir las sílabas en la pauta.
Escribir las sílabas que faltan en las palabras.

Cuando juego a la pelota,
a los niños les doy risa,
nado y salto a todas horas,
yo soy la foca Felisa.

Tengo dos grandes aletas,
y me alimento de peces,
soy ágil como una atleta,
y en mi nombre hay una "efe".

Aprender la poesía. Tachar el objeto que no se nombra en ella.

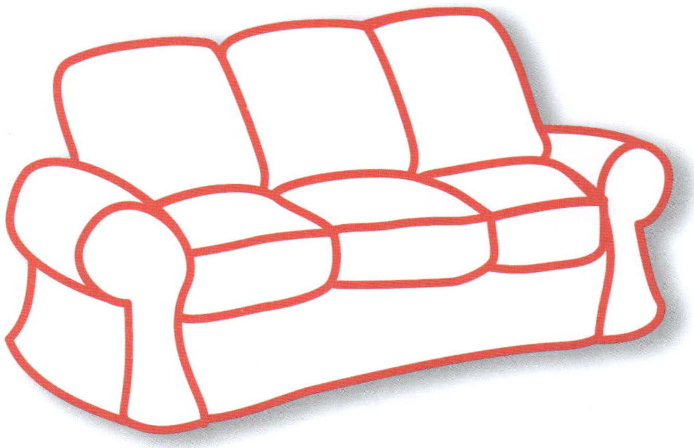

sofá

Filomena

felpudo

Así es mi familia

Escribir las palabras y la frase en las pautas.
Dibujar a su familia en el recuadro.

Estos fantasmas no asustan

Escribir la frase en la pauta.

Filomena es fontanera

Rafa tiene una cámara

teléfono
café
sofá

Escribir las frases en las pautas y tachar el objeto que no tiene relación con ellas.
Observar las palabras que hay entre las dos fotografías y escribir debajo de cada una la correcta.

El delfín nada bien

Escribir la frase en la pauta y realizar un dibujo alusivo en el recuadro.

Felisa vio un elefante

La farola es alta

La foca come fideos

Escribir las frases en las pautas y rodear la que se refiere al dibujo.

Tu bufanda es verde

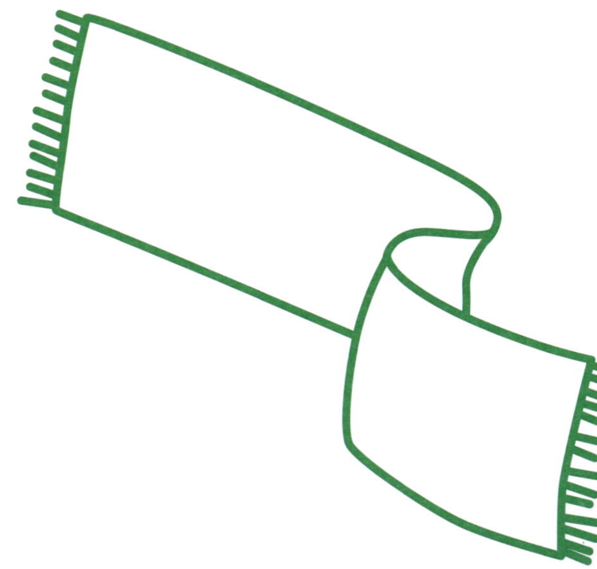

Escribir la frase y colorear la bufanda del color que se dice en ella.

Cuento de la "g"

1 Como sabéis, el fantasmita Felipe vive en una casa a las afueras del Jardín. Es una casa antigua, con goteras en el tejado y, por si fuera poco, ¡además!, ¡está encantada! ¡Todas las noches se oyen ruidos misteriosos! Suenan gaitas, guitarras y gongs, como si hubiera un guateque, ¡pero no los toca nadie! ¡Qué susto! ¿Verdad? Sin embargo, a Felipe y su familia no les da miedo. Les gusta muchísimo su casa, no les importa que esté encantada y, sobre todo, quieren mucho a sus vecinos. En las ramas del guindo vive un gorrión llamado Gaspar que hace gorgoritos cada mañana, y muy cerca está el gallinero donde las simpáticas gallinas Goya, Gala, Gunila, Gisela y Genoveva comen gusanos y miguitas mientras el gallo Gustavo, al que todos llaman Gus, canta con voz engolada. Gus es un gallo gordito y algo glotón, guardián del gallinero. Además es un guasón y todos le quieren mucho, porque cuenta algunos chistes muy graciosos. Y siempre empieza y acaba todo lo que dice con un *"kikirikí"*. Bueno, al menos hasta el día en el que le pasó una cosa extrañísima, ¿queréis saber qué? Pues ahí va la historia.

2 Resulta que aquella mañana Gus se levantó temprano, como siempre, hizo gárgaras para aclarar la voz y, cuando fue a cantar, en lugar de *"kikirikí"* dijo: *"guau, guau, guau"*. Las gallinas se asustaron muchísimo. Cada vez que Gus intentaba hablar, solo decía: *"guau, guau"*. ¡No le salía otra cosa! ¿Qué le pasaba? Aquel era un misterio que únicamente podría resolver Gabino, el gato investigador, así que Gisela fue corriendo a avisarle. Gabino era un gato guapo que prefería que lo llamaran Gabi. Siempre llevaba gafas de sol, gorro de detective, guantes para guardar sus garras y una gabardina gris. Gabi buscó todas las pistas para resolver el caso: primero escuchó la historia que le contaron las gallinas, luego oyó ladrar a Gus y miró la garganta del gallo.

–Puede que sea algo que has comido. ¿Qué cenaste ayer?

El pobre Gus quería responder pero solo le salía: *"guau, guau, guau"*. Así que fue Gunila quien le contó a Gabi lo que el gallo había cenado: miguitas, gusanos y un poquito de aguacate. Según Gunila, Gus había dicho que las miguitas sabían un poco raras.

3 –¡Ya sé lo que ha pasado! –exclamó Gabi–. Seguro que se trata de una broma del mago Gascón, que es un gamberrete. ¡Hay que encontrarle! ¡Mirad, un rastro de miguitas!

Gabi, Gus y las gallinas iban tan atentos a las miguitas que se chocaron con el culete de Aurelio que estaba de espaldas recogiendo guisantes, junto con Pata y Pato. Cuando les explicaron lo ocurrido, ellos también se unieron a la búsqueda. Al fin descubrieron al mago. Estaba escondido entre unas flores de la "g" y unos geranios, riéndose de su travesura.

–¡Ay, Gascón, gamberro! ¡No te das cuenta del lío que has armado! –le regañó Aurelio.

El mago sintió vergüenza por lo que había hecho, pidió perdón al gallo y prometió arreglarlo inmediatamente. Exprimió una "g" como si fuera una naranja, mezcló el zumo con gaseosa y se lo dio a beber a Gus, mientras decía unas palabras mágicas:

–¡Güigüigüí, guaguaguá, el gallo Gus ya no ladrará!

–*¡KIKIRIKÍ!* –exclamó Gus con entusiasmo, en cuanto la magia hizo efecto.

Y ya no dejó de cantar en todo el día, feliz de haber recuperado su voz de gallo.

Después de escuchar el cuento, observar la lámina y conversar sobre ella: personajes, objetos, situaciones, nombres que tengan el sonido "g"...

pájaro caseta lupa ala

Escribir los nombres de las imágenes señaladas.

Dibuja un circulito,
un palote hacia abajo,
hacia arriba un lacito...,
¿a que no te costó trabajo?

Rafa no tiene 

Felisa 

Aprender el trazo de las letras mayúscula y minúscula.
Repasar las letras punteadas.
Escribir las frases en las pautas incluyendo las palabras que faltan (pie y corre).

g g g g g g g

G G G G G G G

Repasar y escribir las letras.

ga go gu

__ rriones

__ la

__ nila

Ga

Gu

go

Escribir las sílabas en la pauta.
Escribir las sílabas que faltan en las palabras.

ta

Gus

vo

Con mi cresta original
y mis plumas de señor,
yo soy el rey del corral
y canto como un tenor.

Me llamo Gustavo, el gallo,
mi nombre empieza por "ge",
tan rápido como un rayo
tú la puedes aprender.

Aprender la poesía. Escribir el nombre del gallo ordenando las sílabas.

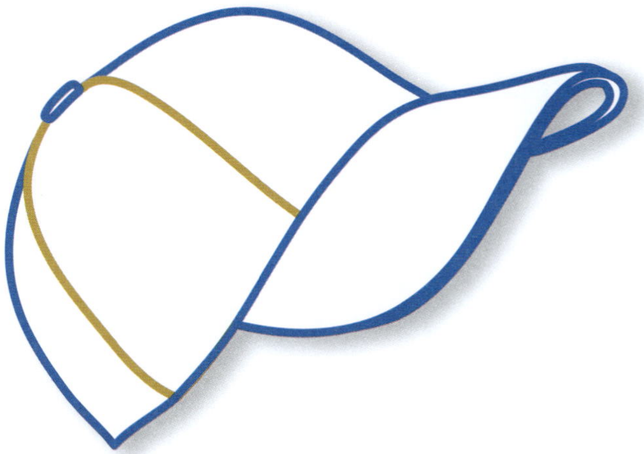

gorra

Gabino

gusano

Aurelio regañó al gato

Escribir las palabras y la frase en las pautas.

Es largo

Es corto

Escribir las frases en las pautas y relacionar, mediante una línea, cada lápiz con la que corresponda.

El  y la  ven una 

aguacate

guantes

gorro

gafas

Escribir la frase en la pauta incluyendo las palabras que faltan (niño, niña y foca).
Escribir el nombre correspondiente debajo de cada dibujo.

Es gordito, tiene gafas

,

y es el despertador

Escribir la frase en la pauta. Dibujar el personaje al que se refiere el texto.

ga go gu gue gui

guitarra espaguetis

Me gustan los juguetes

Escribir las sílabas y las palabras en las pautas.
Escribir la frase y realizar un dibujo alusivo en el recuadro.

Gascón Gustavo Gabi

Escribir el nombre de estos personajes debajo del dibujo que corresponda.

ga go gu

que qui

gato

guitarra

manguera

paraguas

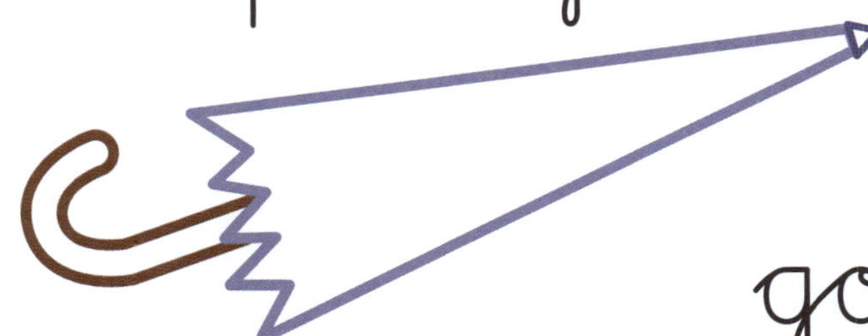

gorro

águila

guepardo

Escribir en cada recuadro las palabras que correspondan.
Escribir el nombre de los animales y realizar dibujos alusivos en los recuadros.

El mago Gascón es mi amigo

Escribir la frase en la pauta.

ga go gu gue gui güe güi

yegüita

pingüino

El paraguas está en el paragüero

Escribir las sílabas, las palabras y la frase en las pautas.

Miguel navega en piragua

Fernando juega al tenis

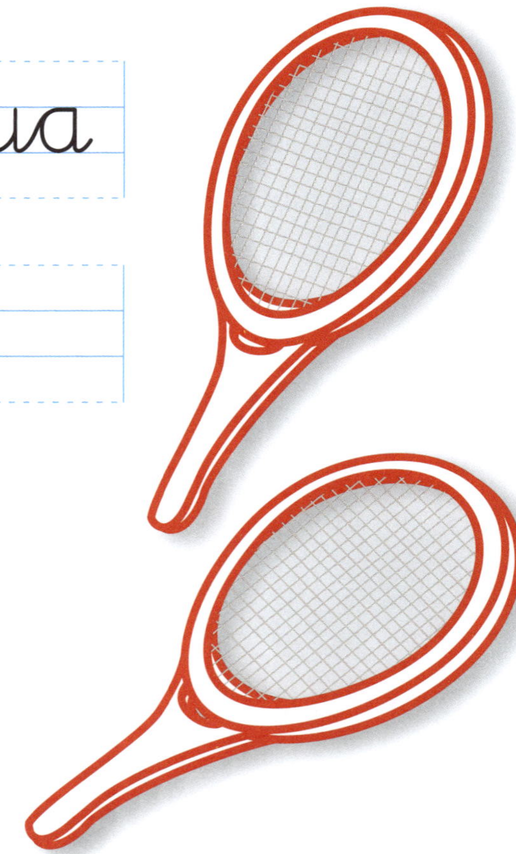

Escribir las frases en las pautas y relacionar el dibujo con la que corresponda.

ja je ji jo ju

ge gi

El gigante ve un girasol

Ángela desayuna guisantes

Escribir las sílabas en las pautas.
Escribir las frases y dibujar en los recuadros la flor y el alimento que se nombran.

ángel

tijeras

geranio

Escribir las palabras en las pautas y realizar dibujos alusivos en los recuadros.

___rasol

___ndas

ge gi que qui

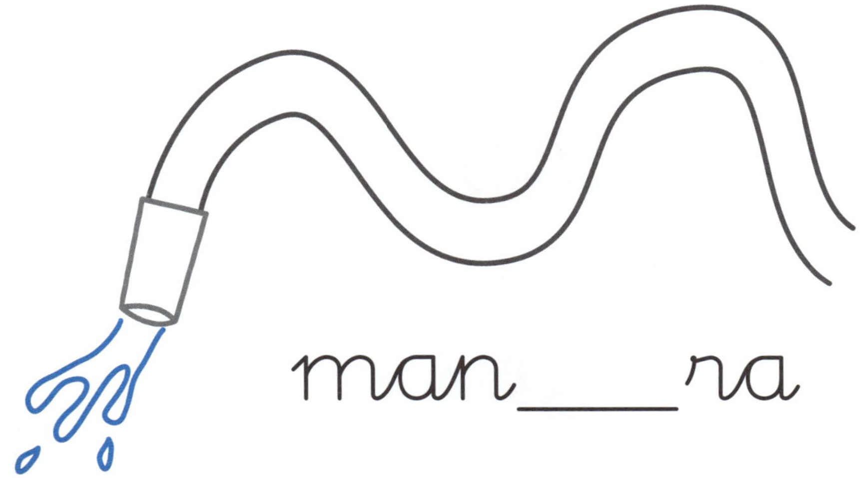

man___ra

El jardinero riega

con la manguera

Completar cada nombre con la sílaba que corresponda.
Escribir la frase en la pauta y realizar un dibujo alusivo.

Gisela Gustavo quisantes

Escribir el nombre de los personajes
y del alimento.

Cuento de la "ch"

1 Después de la broma que le gastó al gallo Gus, el mago Gascón prometió no hacer más travesuras, pero sigue siendo un mago chisposo al que le encanta contar chistes y chascarrillos. Gastón no vive en una casa normal, vive en una choza con el techo de paja, que está situada junto a la charca de Pata y Pato. En la choza, con él, también viven dos cachorros: Cholo y Chema. Cholo es un chihuahua chiquitín y Chema un perrito salchicha. Igual que el mago, los cachorros son charlatanes y chistosos y, aunque se quieren mucho, a veces les gusta chincharse el uno al otro, como ocurre, de vez en cuando, entre los mejores amigos o entre hermanos. Eso, precisamente, fue lo que ocurrió aquel día:

–Mira, Cholo, me voy a comer el último chicle –chinchó Chema al chihuahua.

–Pues yo no te daré de mi chocolatina –chilló Cholo enfadado, sacándole la lengua.

–¡Cholo, Chema, ya basta de chincharos y de chillar! ¿Acaso sois bebés? Yo no veo que llevéis chupete. Venga, id a la charca a nadar un poquito –les regañó cariñoso Gascón.

2 Los cachorritos obedecieron al mago y, después de hacer las paces, metieron las toallas en sus mochilas y se fueron a la charca a darse un chapuzón. Allí estaban ya sus amigos. Pato y Pata chapoteaban felices en el agua, mientras Ana, Óscar, Inma, Emilio y Úrsula entraban y salían del estanque sin parar. Sus chancletas sonaban *"chof, chof, chof"* y era muy divertido. Sin pensarlo dos veces, Chema y Cholo se lanzaron a la charca. Estuvieron un buen rato jugando y nadando, ¡no había manera de sacarlos del agua!, hasta que, de pronto, Cholo empezó a estornudar, *¡ACHÍS, ACHÍS, ACHÍS!* Aurelio, que estaba por allí con Julieta regando las flores de la "ch", dijo:

–Me parece que te estás constipando, Cholo. Chicos, chicas, creo que va siendo hora de que salgáis del agua si no queréis acabar todos pachuchos.

–Jo, ¿y ahora qué hacemos? Nos vamos a aburrir –protestaron los cachorros.

–Primero id a ducharos con gel y champú y, luego, si queréis, podemos montar una carrera de coches cacharreros. Os espero en el chamizo –propuso Julieta.

3 El chamizo de los jardineros es una gran caseta llena de herramientas, chismes y cachivaches. Allí hay ruedas, corcho, chapas, perchas, ganchos, pinchos y chinchetas. Julieta apartó todo lo que pinchaba, para que no se hicieran daño y, con lo demás, se pusieron a fabricar cochecitos chulísimos. Durante un buen rato Pata, Pato, los chicos y los cachorros no dejaron de chafar y pegar chapas, cajas y corcho. En el chamizo sonaba una orquesta de golpes y chasquidos: *¡CHIN-CHAN-CHIM-PUM!* ¡Los coches hechos con cacharros les quedaron chulísimos! Ya solo faltaba hacer la carrera. Así que empujaron los cochecitos cuesta arriba por una colina para colocarlos en la línea de salida. Las ruedas chirriaban y todos estaban muy nerviosos. Muchos amigos y amigas del Jardín fueron a ver la carrera y charlaban animados. ¡Qué emoción! Julieta chistó pidiendo silencio:

–*¡Chssssss!* ¡Atención! El premio será una medalla de chocolate. Preparados…, listos…, ¡YA! –exclamó, y así dio comienzo la chulísima carrera de coches cacharreros.

¡Ah!, ¿queréis saber quién ganó? Pues tenéis que leer el siguiente cuento.

Después de escuchar el cuento, observar la lámina y conversar sobre ella: personajes, objetos, situaciones, nombres que tengan el sonido "ch"...

perro agua bañador regadera

Escribir los nombres
de las imágenes señaladas.

Es muy fácil, ya verás,
dibujar estas letritas,
media luna, lazo arriba
y una "ene" pequeñita.

ch ch

ch ch ch

Ch Ch

Ch

Ch Ch

Genoveva 

Gabi usa 

Aprender el trazo de las letras mayúscula y minúscula.
Repasar las letras punteadas.
Escribir las frases en las pautas incluyendo las palabras que faltan (vuela y gorra).

ch ch ch ch ch ch ch

Ch Ch Ch Ch Ch Ch Ch

Repasar y escribir las letras.

cha che chi cho chu

mo___la

___lo

per___

cha Cho chi

Escribir las sílabas en la pauta.
Escribir las sílabas que faltan en las palabras.

mo

Chi

par

que

do

Soy mono requetemono,
pero no un orangután,
vivo en la selva africana
y no paro de saltar.

Ando a cuatro patas
y la fruta sé pelar,
soy Chimo el chimpancé,
en mi nombre suena la "che".

Aprender la poesía. Escribir los nombres de los animales ordenando las sílabas y decir a cuál de ellos se refiere.

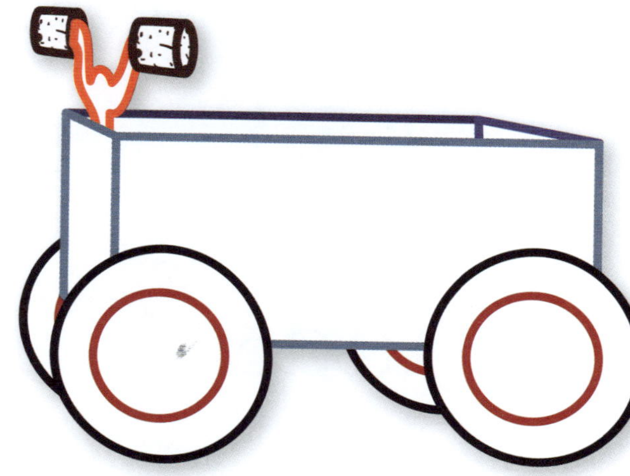

ocho

Chema

coche

Los cachorros son como bebés

Escribir las palabras y la frase en las pautas.

guindas

champiñones

ocho chinchetas

Escribir las palabras en las pautas y relacionarlas con los dibujos correspondientes.

Tengo ocho chocolatinas

Yoli tomó seis churros

Chema desayuna  y 

Escribir las frases en las pautas y realizar dibujos alusivos.
Escribir la frase incluyendo las palabras que faltan (leche y tostadas).

parchís

chándal

champú

Escribir las palabras y realizar dibujos alusivos.

Chema es un perrito salchicha

El coche es de muchos colores

Escribir las frases en las pautas y relacionarlas, mediante una línea, con los dibujos.

salta Charo mucho

Escribir una frase ordenando las palabras de los recuadros.

Cuento de la "ll"

1 ¿Recordáis que Pata, Pato, los niños y niñas del Jardín y los cachorritos Chema y Cholo hicieron una carrera de cochecitos? Las normas eran muy claras: no valía atropellar a nadie, ni enseñar los colmillos, ni abollar el coche de al lado. Tampoco valía llorar si no se ganaba, ¡iban a divertirse! La carrera salió de maravilla. Inma llegó la primera a la meta y le dieron una gran medalla de chocolate. A los demás les regalaron un llavero por haber participado y Rafa, el fantasma fotógrafo, sacó fotos de todo.

Cuando acabó la carrera ya era la hora de comer. En el cielo brillaba un sol redondo y amarillo como un membrillo. Como hacía un día precioso, Aurelio propuso a los que estaban allí que hicieran un pícnic para comer juntos al aire libre.

Al oír esto, la ardilla Lluna, que dormía entre las hojas de un sauce llorón y que era un poco cotilla, se despertó y preguntó llena de ilusión:

–¿Puedo ir yo también?

–¡Por supuesto! –dijo Aurelio–. Y llama también a tus primas Llavina y Llerena.

2 Como eran muchos, decidieron hacer el pícnic en una explanada que hay junto a la valla del arenero en el que los niños y niñas juegan a hacer castillos con sus palas y rastrillos. Los primeros en llegar fueron Pata y Pato. Pusieron su toalla y su sombrilla entre las flores de la "ll" que crecían por allí. Poco a poco llegaron los demás y se armó algo de barullo, ¡pero era muy divertido! Los que no querían sentarse en el suelo llevaron mesas, sillas, sillones y sillitas para estar más cómodos. También llevaron comida, claro. Aurelio preparó una deliciosa paella y además había bocadillos, bollos y galletas de mantequilla. Las ardillas Lluna, Llavina y Llerena llevaron un cestillo lleno de avellanas y grosellas. Cuando terminaron estaban llenísimos, así que algunos decidieron echarse una siesta a la sombra de los árboles y las sombrillas. Pero Lluna y sus primas eran muy nerviosas y no podían quedarse quietas:

–¡Va! ¡Venga! ¡Juguemos al pilla-pilla! –dijeron.

3 Pata, Pato, Úrsula, Inma, Óscar, Emilio y Ana se pusieron a jugar al pilla-pilla con las ardillas, mientras los demás echaban la siesta. Hacía calor pero, de pronto, una nube llenita de lluvia tapó el brillante sol amarillo y empezó a caer un chaparrón.

–¡Deprisa, hay que recoger las sillas, las toallas, las sombrillas…! –dijo Lluna llena de energía, despertando a todo el mundo.

Como eran muchos, en un santiamén estuvo todo recogido.

–¿Qué hacemos ahora? –preguntaron las inquietas ardillas.

–Podemos ir a jugar a la buhardilla de la casa grande –propuso Pata–. Allí veremos la lluvia desde la ventana y no nos mojaremos.

A todos les pareció muy bien y, contentos por haber pasado un día tan bueno, se fueron a la buhardilla cantando: *"Que llueva, que llueva…"*.

Después de escuchar el cuento, observar la lámina y conversar sobre ella: personajes, objetos, situaciones, nombres que tengan el sonido "ll"...

fantasma bandera Chema canasto

Escribir los nombres de las imágenes señaladas.

Escribirla es muy facilita,
son dos "eles" de la mano,
píntalas agarraditas,
como si fueran hermanos.

Ana tiene 

Los niños 

Aprender el trazo de las letras mayúscula y minúscula.
Repasar las letras punteadas.
Escribir las frases en las pautas incluyendo las palabras que faltan (gafas y corren).

Repasar y escribir las letras.

lla lle lli llo llu

bocadi___

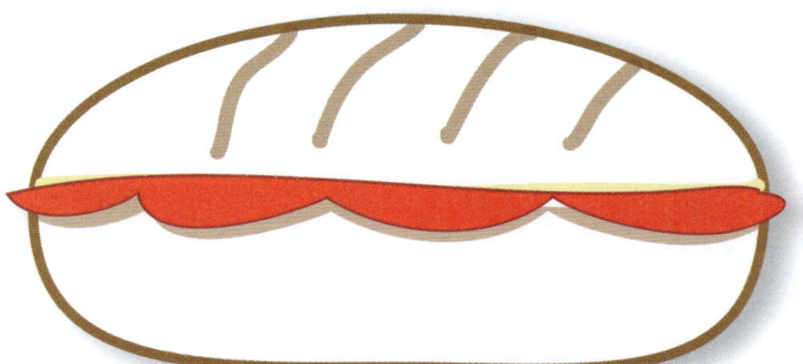

toa___

___na

Llu lla llo

Escribir las sílabas en la pauta.
Escribir las sílabas que faltan en las palabras.

ma lla

llo ga

Siempre con traje de lana,
elegante y estirada,
mi cabeza es ovalada
y en cargar nadie me gana.

Mi mamá me llama Llilla,
mi papá Llilla me llama,
sentirás muchas cosquillas,
si tú acaricias mi cara.

Aprender la adivinanza. Ordenar las sílabas y formar los nombres de los animales. Decir cuál de ellos es la solución.

medalla

Llavina

silla

Las ardillas llevan avellanas

Escribir las palabras y la frase en las pautas.

llavero

bocadillo

bollo

Escribir las palabras y realizar dibujos alusivos.

La nube estaba llenita de lluvia

El sol es redondo

La  y el  son amarillos

Escribir las frases en las pautas y unir el sol con la que corresponda.
Escribir la frase en la pauta incluyendo las palabras que faltan (pera y limón).

barbilla

cuello

tobillo

rodilla

Escribir las palabras en las pautas y unirlas, mediante una línea, con las partes del cuerpo correspondientes.

Aurelio llevó una paella

Úrsula llevó una silla

Óscar llevó galletas

Escribir las frases en las pautas y realizar dibujos alusivos.

Se llama Chari

Se llama Jorge

Escribir las frases y relacionarlas, mediante una línea, con los niños.

Cuento de la "q"

1 No sé si recordaréis que, tras la carrera de cochecitos, los habitantes del Jardín de las Letras hicieron un pícnic. Como os dije, por allí andaba Rafa, el fantasma fotógrafo, sacando fotos de todo. Pero lo que no os conté es que también estaba Quino, un periquito periodista que entrevistó a los ganadores para sacar la noticia en el periódico al día siguiente. Por eso, aquella mañana todos se acercaron a ver a Quique el quiosquero, para comprar el periódico en su quiosco. El quiosco de Quique está en la esquina del Jardín que hay a la izquierda del estanque; allí crecen juntas las flores de la letra "q" y las flores de la letra "u", y como el quiosco está a la sombra de los albaricoqueros, hace mucho fresquito. Sentado en una banqueta alta, el quiosquero atiende a los chiquillos y chiquillas que llegan para comprar casi cualquier cosa, porque en el quiosco de Quique no solo hay tebeos y periódicos sino también cromos de todos los equipos, raquetas, juguetes pequeños, maquillaje y horquillas para personas coquetas, repelente de mosquitos, maquetas y plumas para hacer cosquillas.

2 –¡Mirad qué guapos habéis salido aquí! –dijo Quique a nuestros amigos, mientras Pato, Pata, Inma, Ana, Úrsula, Emilio y Óscar se acercaban al quiosco para ver el periódico.
En ese momento oyeron un tren que llegaba por el bosque que hay junto al Jardín.
–¡Qué bien! –exclamó Quique–. ¡Es el tren de Queca!
–¿Quién es Queca, Quique? –preguntaron los niños.
–Queca es mi hermana mayor. ¡Es maquinista de tren! Pero no es mi única hermana. Soy el pequeño de cinco, o sea, el quinto. Como he dicho, Queca es maquinista, Quintín peluquero, Quina maquilladora y Queco es quesero, elabora unos quesos exquisitos. Cada quince días el tren de Queca me trae cosas para el quiosco.
Los peques, emocionados, le pidieron a Quique que les llevara a ver el tren de Queca.
¡Era un tren requetechulo! ¡Y estaba a tope! Además de cosas para el quiosco, llevaba un vagón lleno de barquillos y otro cargado de quesos hechos por Queco. ¡Qué ricos!

3 Queca era muy simpática. Iba acompañada de su amigo Aquilino, un mono muy inquieto que siempre quería toquetearlo todo. Mientras Queca hablaba con Quique y los demás, Aquilino se puso a toquetear un paquete de cerillas y, sin querer, encendió una.
–¡Cuidado Aquilino! ¡Que me quemas! –exclamó Quique al notar que la cerilla encendida quemaba una esquina de su chaqueta.
Pata y Pato corrieron a por agua y en un periquete apagaron el fuego. ¡Uf! ¡Menos mal!
–¡Gracias, queridos! Habéis impedido que me queme –dijo Quique.
Pasado el susto, nuestros amigos ayudaron a Queca y Quique a descargar las cosas del tren y a llevarlas al quiosco. Como premio, Queca le dio a cada uno un barquillo y un trozo de queso. Bueno, a todos no. El mono Aquilino se quedó sin queso porque casi quema la chaqueta de Quique.

Después de escuchar el cuento, observar la lámina y conversar sobre ella: personajes, objetos, situaciones, nombres que tengan el sonido "q"...

toldo periódico árboles chaleco

Escribir los nombres de las imágenes señaladas.

Primero pinta un globito,
con una cuerda hacia abajo,
en medio pon un palito,
¿a que te quedó muy majo?

qu qu
qu qu

Qu Qu
Qu Qu
Qu

La  de la  es 

Aprender el trazo de las letras mayúscula y minúscula.
Repasar las letras punteadas.
Escribir la frase en la pauta incluyendo las palabras que faltan (llave, casa y roja).

qu qu qu qu qu qu qu

Qu Qu Qu Qu Qu Qu Qu

Repasar y escribir las letras.

que qui

____no

ra____tas

Qui

que

Ana viste un quimono

Escribir las sílabas en la pauta.
Escribir las sílabas que faltan en las palabras.
Escribir la frase en la pauta.

Me escuchas y no me ves,
mi canción es un zumbido,
antes de que cuentes tres,
yo habré desaparecido.

Tengo un aguijón muy fino,
soy alegre y diminuto,
a escribir la "q" de Quino,
te enseñaré en un minuto.

Aprender la adivinanza. Repasar las líneas discontinuas
y ordenar las sílabas para escribir la solución.

queso

Quique

quiosco

Quino quiere un albaricoque

Escribir las palabras y la frase en las pautas.

Quiero un queso

Mi abuelo me quiere mucho

Escribir las frases en las pautas y relacionar la fotografía con la que corresponda.

- Es un mono
- Tiene coletas
- Se llama Aquilino
- Tiene patas largas
- Vuela con sus alas
- Salta mucho

Escribir en las pautas las frases que se refieren al mono.

vaca y vaquita

barca y barquita

Escribir las palabras y realizar dibujos alusivos.

que qui ca co cu

conejo

ca co cu

cuento

quiosco

bosque

que qui

casas

Escribir las sílabas en la pauta.
Escribir las palabras clasificándolas según tengan “ca”, “co”, “cu”, “que” o “qui”.

Aquella ardilla corre mucho

Escribir la frase en la pauta y realizar un dibujo alusivo.

Cuento de la "z"

1 Como recordaréis, Pata, Pato y los niños y niñas del Jardín ayudaron a Queca, la maquinista, y a Quique, el quiosquero, a descargar el tren de mercancías que había llegado al Jardín. ¿Os acordáis de lo que había en los vagones? Uno estaba lleno de cosas para el quiosco, otro de barquillos y otro de quesos, ¿verdad? Bueno, pues había un vagón más, el último, pintado de azul con una parte rojiza. Nuestros amigos se sorprendieron mucho al ver lo que llevaba dentro, ¿adivináis qué? ¡Calzado! Calzado de todo tipo: zapatos, zapatillas, zuecos… de todas las formas, tallas y colores posibles.

–¡Atiza! –exclamó Pata asombrada–. ¿Por qué has traído tantos zapatos Queca?

–¡Yo no tenía ni idea de que llevaba un vagón de zapatos! –respondió la maquinista.

De entre las zarzas y la maleza que había en una zona cercana donde ellos estaban, salió un zorro de nariz afilada que, ladeando un poco la cabeza con timidez, dijo:

–Yo sí sé por qué hay tantos zapatos en el tren.

2 El zorro les contó que su nombre era Zoilo, que venía de un lejano país lleno de luz que olía a jazmín llamado Zulandia, y que los zapatos que habían encontrado en el tren eran de todos los zulandeses. Resulta que un día, el pícaro duendecillo Zapatín los escondió para gastarles una broma, pero olvidó dónde los había puesto, así que desde entonces en Zulandia todos andaban descalzos, ¿os imagináis qué faena? En aquel país vivían una princesa con largas trenzas llamada Zoe y su hermano, el apuesto príncipe Zazú. Zoe y Zazú sabían que Zoilo tenía un gran olfato y, por eso, le pidieron que les ayudara a encontrar el rastro de los zapatos. Después de mucho tiempo yendo a donde le llevaba su nariz, al fin el zorro había cumplido con su misión y por eso estaba muy feliz. Nuestros amigos lo abrazaron para felicitarle por su hazaña. Pero, ¿cómo llevaría todo aquel calzado de vuelta a Zulandia? Queca se ofreció a transportarlo en su tren.

–El problema es que en Zulandia no hay vías –dijo Zoilo un poco avergonzado.

–No te preocupes, seguro que a Aurelio se le ocurre alguna idea –le animó Pato.

3 Encontraron al jardinero en un huertecito con cerezos y manzanos donde crecían calabazas, calabacines, zanahorias y cebollas. Estaba haciendo una zanja y, como es zurdo, llevaba una azada en la mano izquierda. Pata y Pato le presentaron a Zoilo y le explicaron todo. Cuando terminaron de hablar, Aurelio cogió una calabaza y dijo:

–Creo que tengo la solución. Traed una taza de zumo de manzana y una cazuela.

Aurelio cogió diez flores de la "z", las desmenuzó, las echó en la cazuela con el zumo de manzana y lo mezcló todo. Luego regó la calabaza con la mezcla mientras recitaba: *"zumba, zumba, danza, danza, calabaza, calabaza"*. La calabaza empezó a dar vueltas como una peonza hasta que, *¡ZAS!*, se convirtió en una carroza.

Zoilo estaba muy contento. Era un zorro muy fuerte y sabía que podría tirar de la carroza llena de zapatos hasta Zulandia. Pero, para que tuviera energía, antes de que se marchara, le ofrecieron un banquetazo a base de pizza, bizcocho y zarzamoras.

Después de escuchar el cuento, observar la lámina y conversar sobre ella: personajes, objetos, situaciones espaciales, nombres que tengan el sonido "z"...

valla lechuga Óscar Úrsula

Escribir los nombres de las imágenes señaladas.

La "zeta" es como un patito,
con el bigote de un gato,
trázala muy despacito,
¡solo hace falta un rato!

El  Aquilino quemó la chaqueta

Aprender el trazo de las letras mayúscula y minúscula.
Repasar las letras punteadas.
Escribir la frase en la pauta incluyendo la palabra que falta (mono).

z z z z z z z

Z Z Z Z Z Z Z

Repasar y escribir las letras.

za zo zu

__ilo

Zo za zu

ca__ela

ta__

El erizo tiene muchas púas

Escribir las sílabas en la pauta.
Completar las sílabas que faltan en las palabras.
Escribir la frase en la pauta.

rro zo

mos qui to

Mi cola es como un plumero,
mi pelo como una alfombra,
soy tan manso como fiero
y mi aullido siempre asombra.

Yo soy el zorro Zoilo,
mi nombre empieza por "zeta",
mil cosas escribirías,
si aprendieras esta letra.

Aprender la poesía. Ordenar las sílabas y escribir los nombres de los animales. Rodear al que se refiere la poesía.

azul

Zoilo

zapato

La calabaza se convirtió en carroza

Escribir las palabras y la frase en las pautas.

pozo

zambomba

manzana

Escribir las palabras en las pautas y realizar dibujos alusivos.

za zo zu ce ci

cinco

ce ci

corazón

racimo

maceta

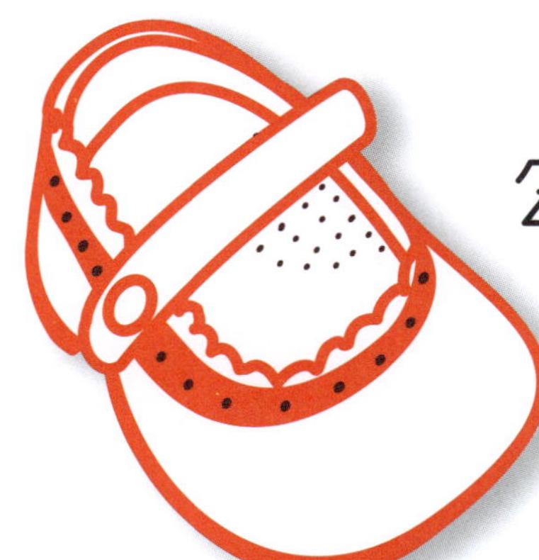

zapato

cepillo

Escribir las sílabas en la pauta.
Escribir en el recuadro las palabras que empiecen o contengan las sílabas "ce" o "ci".

Aquella  es de color 

Aquel  es de color 

Escribir las frases incluyendo las palabras que faltan (pera, amarillo, lazo y azul).

- Son dulces y rojas
- Se llaman cerezas
- No se comen

- Es alargada
- Su color es azul
- Es un alimento

Escribir debajo de la fruta y la verdura las dos frases que hacen referencia a ellas.

CASA

QUESO

L	O	C	T	A	Z	A
Q	U	E	S	O	M	S
D	C	A	S	A	I	F
M	P	D	U	L	C	E

DULCE

TAZA

Resolver la sopa de letras.

Cuento de la "x"

1 Ya hacía algunos días que Queca, la maquinista, y Zoilo, el zorro de Zulandia, se habían marchado y, desde entonces, el Jardín estaba muy tranquilo. ¡Demasiado tranquilo! o, como decía Aurelio, "excesivamente en calma". Nuestros amigos empezaban a aburrirse. Por eso aquel día, que era fiesta y no había cole, Julieta propuso a Ana, Inma, Óscar, Úrsula, Emilio, Pata y Pato que hicieran una excursión por el Jardín.
–Jo, Julieta, pero el Jardín ya lo conocemos –se quejó Pato.
–No, no, no me habéis entendido. Aproximaos y dejad que os explique mi idea, veréis: vamos a recorrer el Jardín de un extremo a otro excavando para buscar piedras bonitas y otros tesoros. Después haremos una exposición con todo lo que encontremos. ¿Os apetece el experimento?
–¡Genial! –exclamaron nuestros amigos muy excitados.
–¡Excelente idea! –dijo Aurelio.
Y, sin perder tiempo, todos se lanzaron a explorar el Jardín.

2 Estuvieron aproximadamente una hora excavando y en ese rato encontraron un montón de piedras bonitas y otras cosas muy chulas, como semillas y conchas de caracol vacías. Pero lo más extraño lo encontró Pato tirado en una explanada en la que crecían las flores de la letra "x": era un palo largo terminado en una bolita negra.
–¡Qué guay! Parece una varita mágica –dijo Pato recogiendo el palito del suelo.
Nada más agarrar la varita, la bola que tenía en el extremo empezó a brillar y oyeron un ruido muy fuerte, como la explosión de un trueno en una tormenta. Se asustaron tanto que cerraron los ojos y, cuando los abrieron vieron…, ¡madre mía!, ¡una nave espacial!
La puerta de la nave se abrió haciendo *xxxxxxxxxx,* y de ella salieron dos extraterrestres muy expresivos. Sin dejar de sonreír, los extraterrestres dijeron:
–Hola, terrícolas, somos Xana y Xano, del planeta X. Hemos venido en este taxi espacial para recoger una cosa que habíamos perdido y que vosotros habéis encontrado.
¿Qué sería?

3 ¡Pues claro!, ¡el palito con la bola brillante! Resulta que Xano y Xana eran músicos. Xana era saxofonista y Xano tocaba el xilófono, y ese palito tan curioso que Pato había encontrado era una de las dos baquetas con las que el extraterrestre tocaba su instrumento musical. Sin él no podía hacer su música exquisita. Pato se lo devolvió sin protestar y Xano le dio las gracias. Los niños contaron a los extraterrestres que estaban recogiendo piedras y tesoros para organizar una exposición.
–¿Podríais tocar el xilófono y el saxofón? –preguntó Pata.
Los extraterrestres dijeron que sí, porque les encantaba hacer música. Así que esa tarde, además de la exposición, tuvieron un concierto y una fiesta, y todo fue un éxito extraordinario. Cuando la fiesta acabó, Xano y Xana propusieron a nuestros amigos hacer una excursión por el espacio exterior y, sin perder un segundo, todos se montaron en la nave-taxi y se fueron con los extraterrestres a explorar la galaxia. ¡Qué aventura!

Después de escuchar el cuento, observar la lámina y conversar sobre ella: personajes, objetos, situaciones espaciales, nombres que tengan el sonido "x"...

nave conchas marciano zapatilla

Escribir los nombres de las imágenes señaladas.

La equis son dos palotes,
se cruzan en el camino,
como aspas de molinos,
del cuento de Don Quijote.

La cereza es y la uva

Aprender el trazo de las letras mayúscula y minúscula.
Repasar las letras punteadas.
Escribir la frase en la pauta incluyendo las palabras que faltan (roja y verde).

x x x x x x x

X X X X X X X

Repasar y escribir las letras.

xa xe xi xo xu

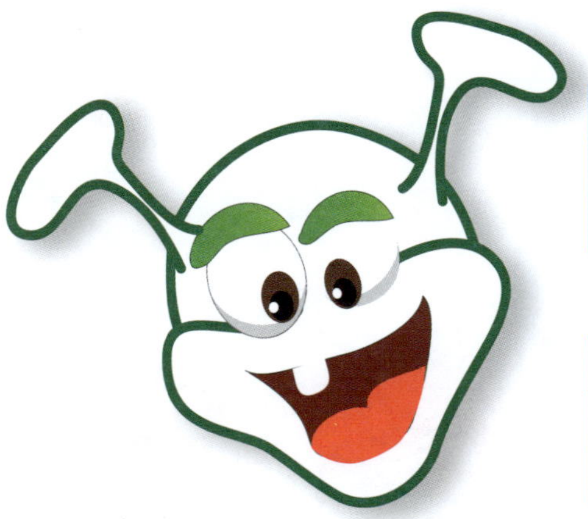

Xano

xilófono

saxofón

taxi

Escribir las sílabas y las palabras en las pautas.
Realizar dibujos alusivos en los recuadros.

Aquel payaso toca el saxofón

Tengo cinco cerezas

Escribir las frases y relacionar con las fotografías la que corresponda.

Cuento de la "h"

1 Ya sabéis que en el cuento anterior nuestros amigos viajaron al espacio con los extraterrestres Xana y Xano, ¿verdad? Bueno pues cuando regresaron y se despidieron de ellos, vieron una lucecita brillante que iba de acá para allá entre las flores. Se pusieron muy contentos, porque enseguida supieron quién era. ¿Queréis que os lo cuente? ¡Era el hada Hermelinda, a la que todos llaman Herme! Ella es la directora de la fábrica de las palabras y también quien enseña a leer a los niños y niñas del Jardín. Herme convierte en letras las flores que siembra Aurelio; cada vez que ellos aprenden una letra, el hada va al Jardín para hacer crecer otra nueva en las últimas flores que haya plantado el jardinero. ¡Y es genial!, porque al crecer, las flores suenan y cada letra hace un sonido diferente. Aunque vosotros eso ya lo sabéis, ¿verdad?

–¡Mirad, Herme está aquí! Está haciendo letras nuevas, ¡qué nervios! –dijo Óscar.

–Qué raro, veo brillar su varita con forma de lapicero, pero no oigo nada de nada –se extrañó Ana que, como sabéis, tiene muy buen oído.

2 Cuando se acercaron al hada vieron las flores de la letra nueva. ¡Estaban completamente en silencio! ¡No hacían ningún ruido!

–Hola, Herme, ¿qué les pasa a estas flores que no suenan? ¿Están rotas? –preguntó Pata.

–¡Hola, amiguitos! No, no, estas son las flores de la letra "h", que es una letra silenciosa: se escribe, pero no se pronuncia. ¡No tiene sonido! –les explicó el hada.

–¡Jo con la hache! Si no suena, no sirve. ¡Yo no la voy a usar! –refunfuñó Pato.

–¡Oh! ¡No! ¡Tenéis que aprenderla! Todas las letras sirven. Venid conmigo a la fábrica de las palabras y os lo enseñaré –dijo el hada, y agitó su varita para llevarlos hasta allí.

La fábrica era enorme. Entraron por una gran puerta de hierro. Dentro, una fila de hormigas colocaba las letras en hojas blancas, luego las hojas iban volando hasta un horno, donde las palabras se cocinaban como un bizcocho hecho con harina y huevo.

–¡No toques eso Pato! –exclamó Herme, al ver que el muy travieso quitaba la hache del principio a una de las palabras que pasó volando hasta el horno.

–¿Qué más da? Si has dicho que la hache no suena –dijo Pato.

3 Del horno salió la palabra "IPOPÓTAMO" sin "H" y, detrás de ella, el dibujo de un hipopótamo al que le faltaba una pata, ¡pobrecito!

–Mira lo que has hecho, Pato, ¡has estropeado esa palabra! –le regañó Pata.

–Claro, la palabra "HIPOPÓTAMO" empieza por "H". Como Pato se la ha quitado, ha salido estropeada. Por eso el hipopótamo está cojito. Pero tranquilos, que se puede arreglar –dijo Hermelinda, empujando la palabra y el dibujo hasta otra habitación.

¡Era un hospital de palabras! Allí se arreglaban las palabras rotas, esas que alguien escribe mal. Con mucho cariño, Herme cogió un poco de hilo invisible, cosió una "H" al principio de la palabra, le dio un besito de los que curan heridas y al dibujo del hipopótamo le salió la pata que le faltaba.

–¡Hala! ¡Ya está! ¿Veis como la hache es importante aunque no suene? Mirad, ahí hay otras letras que os sorprenderán –dijo Herme, señalando la habitación de al lado.

¡Eran increíbles! ¿Queréis conocerlas? ¡Pues lo haremos en el siguiente cuento!

Después de escuchar el cuento, observar la lámina y conversar sobre ella: personajes, objetos, situaciones espaciales, nombres que empiecen o contengan la letra "h"...

manzana botiquín algodón camiseta

Escribir los nombres de las imágenes señaladas.

Soy Herminia, la hormiguita,
mi nombre empieza por "hache",
si dibujas una sillita...,
¡ya verás qué bien te sale!

 toca muy bien el 

Aprender el trazo de las letras mayúscula y minúscula.
Repasar las letras punteadas.
Escribir la frase en la pauta incluyendo las palabras que faltan (Xano y xilófono).

Repasar y escribir las letras.

ha he hi ho hu

Hermelinda

hojas

Aquellas hormigas son hermanas

Escribir las sílabas, las palabras y la frase en las pautas.

huevo helado higos

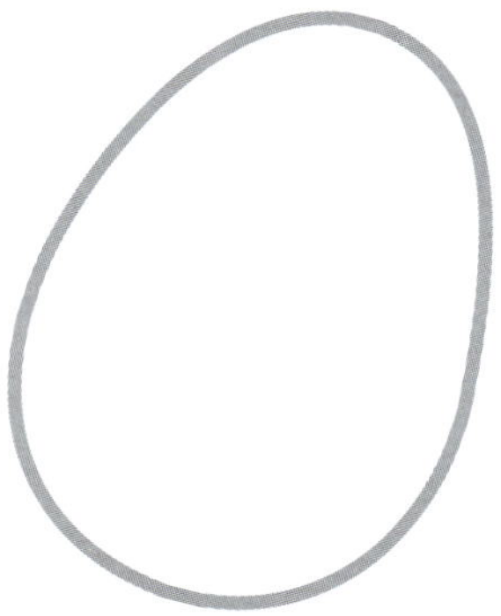

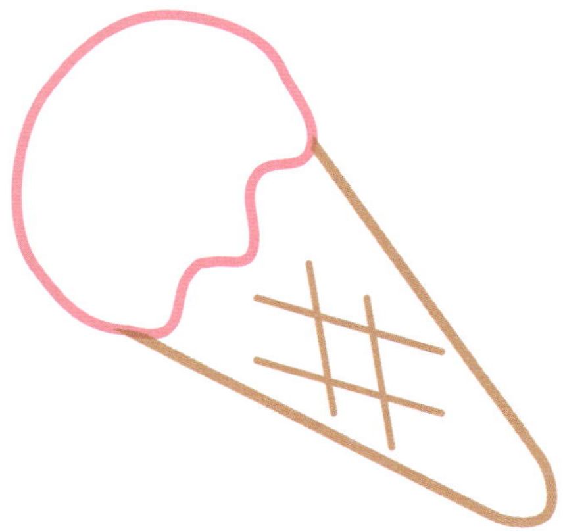

Escribir las palabras en las pautas correspondientes.

He visto un hipopótamo

Hoy he ido en taxi

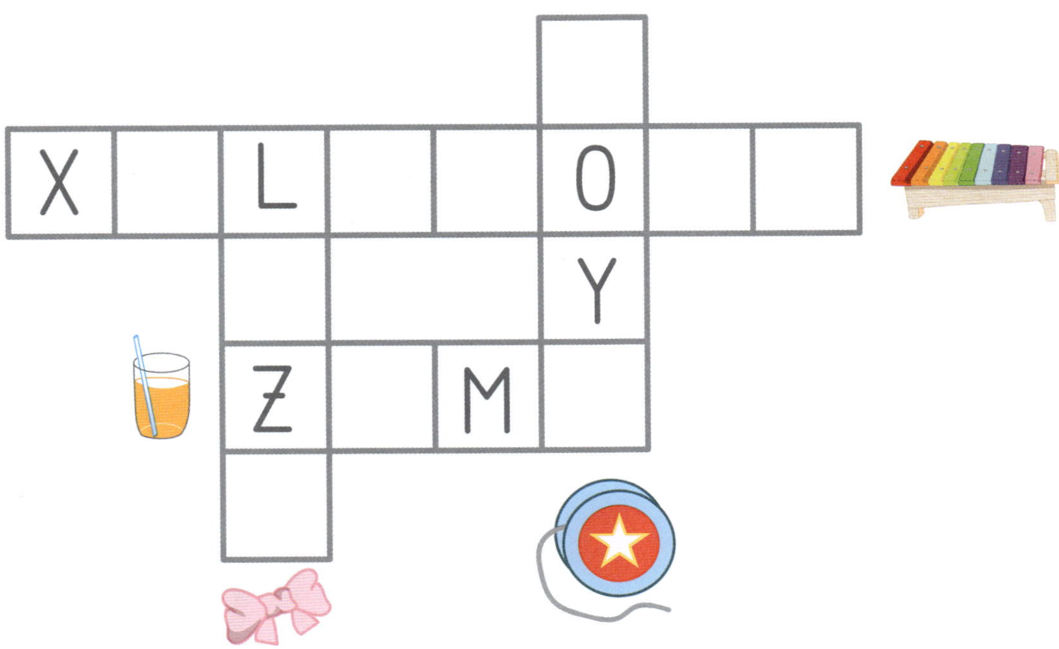

XILÓFONO

LAZO

YOYÓ

ZUMO

Escribir las frases en las pautas y realizar dibujos alusivos en los recuadros.
Completar el crucigrama.

Las hortensias son hermosas

Escribir la frase en la pauta.

Cuento de la "k" y "w"

1 Pata, Pato y los niños y niñas del Jardín fueron a la fábrica de las palabras en compañía de Herme, ¿os acordáis? El hada les enseñó la letra hache y les prometió que iba a mostrarles otras letras sorprendentes. ¿Queréis que veamos cuáles eran? ¡Bien! Pues escuchad: nuestros amigos siguieron a Herme hasta una habitación muy grande. Allí esperaban encontrar algo asombroso pero... ¡no había nada! Solo una brujita sonriente en mitad de la habitación vacía. Al verlos entrar, la brujita los saludó alegremente:

–Hola, me llamo Walpurgis, pero podéis llamarme Walpi.

Walpi les contó que se encargaba de fabricar palabras con las letras más difíciles del alfabeto: la ka y uve doble. Pata, Pato y los niños se miraron extrañados. No conocían esas letras, ¡y ellos pensaban que con la hache ya las sabían todas! Walpi sacó de su bolsillo una "k" y una "w" y se las enseñó. Parecían una equis aplastada por la izquierda y una eme puesta bocarriba. Walpi lanzó las dos letras al aire y empezó a bailar mientras cantaba: *"wiki-wiki, waku-waku, kawa-waka, waka-kawa".*

Ante el asombro de todos, en mitad de la habitación apareció... ¡un árbol!

2 Entre las hojas verdes del árbol había unas flores, pero no eran como las flores de las letras que hay en el Jardín, no: eran mucho más grandes. Pata se acercó para verlas mejor. ¿Sabéis por qué eran más grandes? ¡Porque cada flor era una palabra entera!

–¿Puedo coger una? –preguntó Úrsula.

–¡Pues claro, guapa! ¡Coge las que quieras! –respondió Walpi con una sonrisa.

Úrsula eligió la palabra "kiwi" y en cuanto la arrancó del árbol..., ¡hala!, la palabra se convirtió en un fruto marrón y rasposo. ¡Era un kiwi de verdad! Úrsula lo partió por la mitad: por dentro era verde y suave, y estaba muy dulce. ¿Lo conocéis? ¡Qué rico!

Óscar arrancó la flor en la que ponía "koala" y, *¡tachán!,* de pronto tuvo entre los brazos una especie de osito gris monísimo que parecía un peluche.

Cuando Inma y Emilio cogieron al mismo tiempo la flor con la palabra "karateca", esta se convirtió en un joven vestido con un kimono.

–Me llamo Kiko y soy cinturón negro de karate –dijo, lanzando una patada al aire.

3 –¡Yo también quiero probar! –dijo Ana, tomando la palabra "Hawái".

Nada más hacerlo, la habitación se convirtió en una playa preciosa de arena dorada con un mar de aguas cristalinas. Una chica y un chico vestidos con falda de flecos les pusieron collares de flores en el cuello y, en vez de decirles hola, les dijeron *"aloha".*

–Son hawaianos –les explicó Walpi, sin dejar de reír al ver sus caras de sorpresa.

Pata y Pato arrancaron del árbol las flores en las que ponía "waterpolo" y "windsurf", y en el agua aparecieron unos deportistas que jugaban al balón y otros que navegaban sobre las olas subidos a una tabla, agarrados a una vela parecida a la de un barco. Nuestros amigos estaban encantados. Pasaron el resto del día jugando en aquel lugar mágico que había aparecido con las palabras del árbol de la "k" y la "w". Antes de que volvieran al Jardín de las Letras, la brujita Walpi les dio una bolsa que pesaba mucho y les dijo:

–Tomad, para que no olvidéis que hay letras que se usan poco pero que son muy chulas.

¿Queréis saber qué había dentro de la bolsa? Os lo diré: medio kilo de kas, medio kilo de uves dobles y ¡dos kilos de kiwis bien maduros para la cena!

Después de escuchar el cuento, observar la lámina y conversar sobre ella: personajes, objetos, situaciones espaciales, nombres que tengan el sonido "w"...

palmera collar corona capa

Escribir los nombres de las imágenes señaladas.

k k k k k

k k k k k

K K K K K

K K K K K

Aprender el trazo de las letras mayúscula y minúscula.
Repasar las letras punteadas y escribirlas en las pautas.

Kico es un koala

Úrsula es karateca

Escribir las frases en las pautas
y realizar dibujos alusivos.

w w w w w

w w w w w

W W W W W

W W W W W

Aprender el trazo de las letras mayúscula y minúscula.
Repasar las letras punteadas y escribirlas en las pautas.

Walpurgis come kiwis

Waldo hace windsurf

Escribir las frases en las pautas y realizar dibujos alusivos.

- Es un karateca
- Cuida el jardín
- Lleva chaqueta
- Usa la manguera
- Recoge las hojas

Escribir las tres frases que hacen referencia a Aurelio en las pautas. Tachar las otras.

Máximo y Kika juegan

mucho en el colegio

Escribir la frase en la pauta y realizar un dibujo alusivo.

a	e	i	o	u	p	s	m	t	c	n	l	f	q	ch
a	e	i	o	u	p	s	m	t	c	n	l	f	q	ch
a	e	i	o	u	p	s	m	t	c	n	l	f	q	ch
a	e	i	o	u	p	s	m	t	c	n	l	f	q	ch
a	e	i	o	u	p	s	m	t	c	n	l	f	q	ch
a	e	i	o	u	d	r	j	b	ñ	v	y	ll	q	z
a	e	i	o	u	d	r	j	b	ñ	v	y	ll	q	z
a	e	i	o	u	d	r	j	b	ñ	v	y	ll	q	z
a	e	i	o	u	d	r	j	b	ñ	v	y	ll	q	z
a	e	i	o	u	d	r	j	b	ñ	v	y	ll	q	z
a	e	i	o	u	x	h	k	w	x	h	k	w	x	h
a	e	i	o	u	k	w	x	h	k	w	x	h	k	w

Ch	G	F	L	N	C	T	M	S	P	U	O	I	E	A
Ch	G	F	L	N	C	T	M	S	P	U	O	I	E	A
Ch	G	F	L	N	C	T	M	S	P	U	O	I	E	A
Ch	G	F	L	N	C	T	M	S	P	U	O	I	E	A
Ch	G	F	L	N	C	T	M	S	P	U	O	I	E	A
Z	Q	Ll	Y	V	Ñ	B	J	R	D	U	O	I	E	A
Z	Q	Ll	Y	V	Ñ	B	J	R	D	U	O	I	E	A
Z	Q	Ll	Y	V	Ñ	B	J	R	D	U	O	I	E	A
Z	Q	Ll	Y	V	Ñ	B	J	R	D	U	O	I	E	A
Z	Q	Ll	Y	V	Ñ	B	J	R	D	U	O	I	E	A
H	X	W	K	H	X	W	J	H	X	U	O	I	E	A
W	K	H	X	W	K	H	X	W	K	U	O	I	E	A

La casa es alta	Pata y Pato nadan
Mi coche es azul	Aurelio nos quiere
Quiero una pelota	Yo bebo zumo
Tengo ocho sillas	Tú comes kiwis
El quiosco es alto	Pata lleva un lazo
Yo toco el tambor	Ayer comí pan
Mi amigo es bueno	Ella tiene un sofá
Tu gorra me gusta	Llámame por teléfono